ARTE E HABILIDADE

ANGELA ANITA CANTELE
BRUNA RENATA CANTELE

3º ano

ENSINO FUNDAMENTAL
ANOS INICIAIS

"Apaixonada por arte, aos 7 anos iniciei meus estudos em arte e pintei minha primeira tela. Desde então, nunca mais deixei meus pincéis e minhas cores. Sempre foi por meio da arte que expressei meus sentimentos, meus sonhos e é como me realizo. Por isso optei por ser arte-educadora."

Angela Anita Cantele

"Aprendi a gostar de arte e história desde pequena. Meu pai me contava histórias e mostrava figuras de arte e dizia que toda história tem arte e toda arte tem história. Lembro-me de quando ganhei uma lousa e uma caixa de giz... Brincava de professora e queria ensinar, contar histórias e desenhar. Cresci, me formei em História da Arte e depois em História. É um caso de amor."

Bruna Renata Cantele

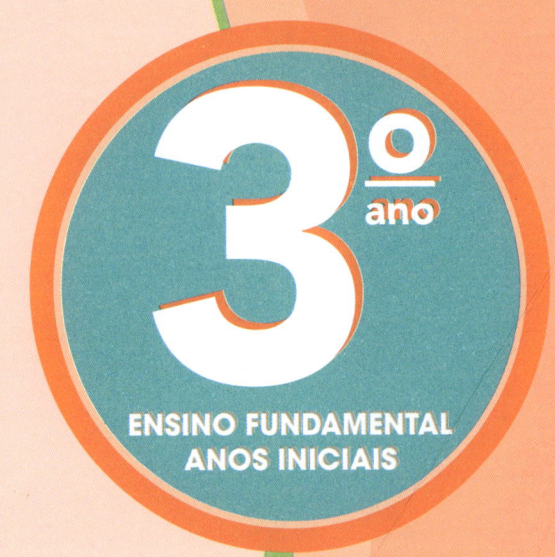

4ª edição
São Paulo
2023

IBEP

Angela Anita Cantele

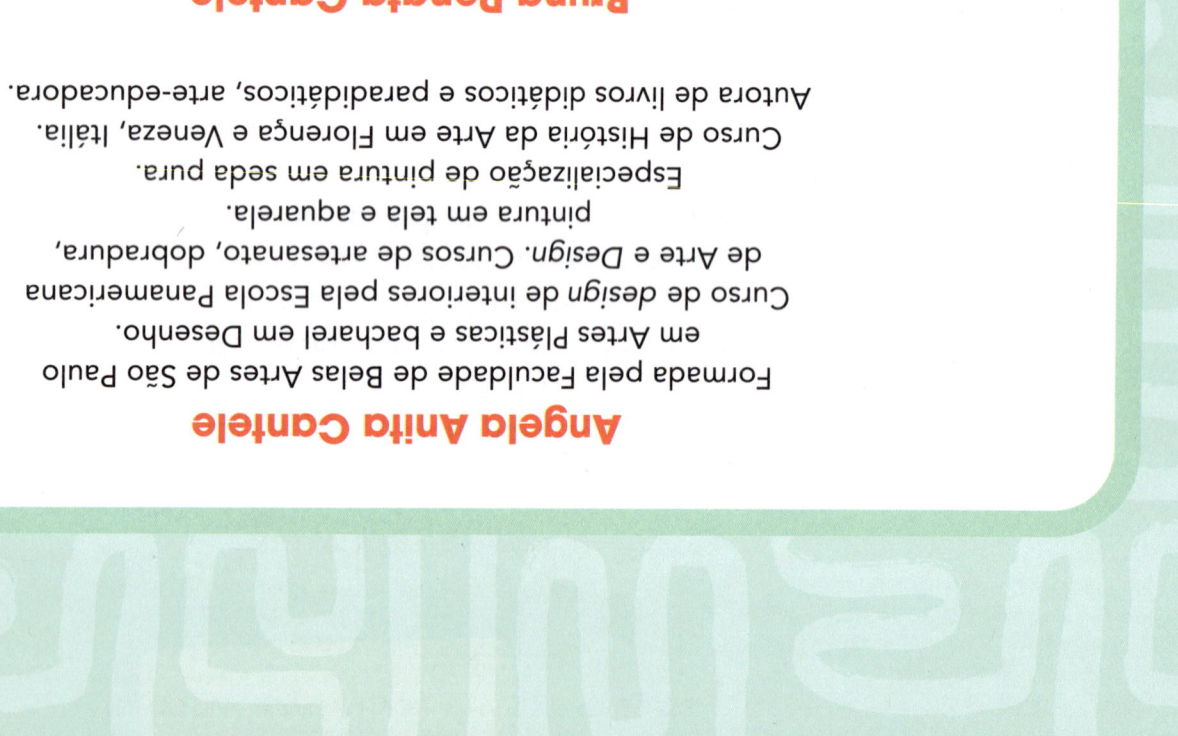

Formada pela Faculdade de Belas Artes de São Paulo
em Artes Plásticas e bacharel em Desenho.
Curso de *design* de interiores pela Escola Panamericana
de Arte e *Design*. Cursos de artesanato, dobradura,
pintura em tela e aquarela.
Especialização de pintura em seda pura.
Curso de História da Arte em Florença e Veneza, Itália.
Autora de livros didáticos e paradidáticos, arte-educadora.

Bruna Renata Cantele

Mestre em Educação e historiadora.
Curso de Desenho Artístico e Publicitário Dr. Paulo Silva Telles.
Curso de História da Arte em Florença e Veneza, Itália.
Orientadora educacional, consultora e assessora pedagógico-administrativa em colégios da rede particular de ensino.
Autora de livros didáticos e paradidáticos.

Coleção Arte e Habilidade
Arte – 3º ano
Ensino Fundamental
© IBEP, 2023

Diretor superintendente	Jorge Yunes
Diretora editorial	Célia de Assis
Editora	Adriane Gozzo
Assistentes editoriais	Isabella Mouzinho e Stephanie Paparella
Revisão	Denise Santos, Erika Alonso e Yara Affonso
Secretaria editorial e Produção gráfica	Elza Mizue Fujihara
Assistente de produção gráfica	Marcelo Ribeiro
Projeto gráfico e capa	Aline Benitez
Imagem da capa	*Natureza-morta com maçãs*, de Paul Cézanne
Diagramação	NPublic / Formato Comunicação

4ª edição – São Paulo – SP

Impressão e Acabamento
Oceano Indústria Gráfica e Editora Ltda
Rua Osasco, 644 - Rod. Anhanguera, Km 33
CEP 07753-040 - Cajamar - SP
CNPJ: 67.795.906/0001-10

Dados Internacionais de Catalogação na Publicação (CIP) de acordo com ISBD

C229a   Cantele, Angela Anita

Arte e Habilidade: Ensino Fundamental Anos Iniciais / Angela Anita Cantele, Bruna Renata Cantele. - 4. ed. - São Paulo : IBEP - Instituto Brasileiro de Edições Pedagógicas, 2023.
il. ; 20,5cm x 27,5cm. - (Arte e Habilidade 3º ano)

Inclui bibliografia.
ISBN: 978-65-5696-466-9 (aluno)
ISBN: 978-65-5696-467-6 (professor)

1. Educação. 2. Ensino fundamental. 3. Livro didático. 4. Arte. 5. Habilidade. 6. Artes visuais. 7. Música. 8. Teatro. 9. Dança. I. Cantele, Bruna Renata. II. Título.

2023-1208
CDD 372.07
CDU 372.4

Elaborado por Vagner Rodolfo da Silva - CRB-8/9410

Índice para catálogo sistemático:
1. Educação - Ensino fundamental: Livro didático 372.07
2. Educação - Ensino fundamental: Livro didático 372.4

Todos os direitos reservados.

Rua Gomes de Carvalho, 1306 – 11º andar – Vila Olímpia
São Paulo – SP – 04547-005 – Brasil
Tel.: (11) 2799-7799
www.ibep-nacional.com.br

Sumário

FICHA

#	Tipo	Título	Pág
1	IDENTIFICAÇÃO E OBSERVAÇÃO	As cores	9
2	IDENTIFICAÇÃO E OBSERVAÇÃO	Cores primárias e secundárias em obras de arte	10
3	PINTURA	Colorindo com as cores primárias e secundárias	11
4	OBSERVAÇÃO	O Pontilhismo	12
5	PINTURA	Técnica do Pontilhismo	13
6	OBSERVAÇÃO	Teatro: personagens	14
7	EXPRESSÃO CORPORAL; DESENHO E PINTURA OU COLAGEM	Teatro e imaginação	15
8	PINTURA	Arte e cultura africanas: grafismo	16
9	MODELAGEM E PINTURA	Modelagem com massa de argila	18
10	OBSERVAÇÃO	A arte de Cícero Dias	19
11	PINTURA	Releitura de obra de arte de Cícero Dias	20
12	EXPRESSÃO MUSICAL E CORPORAL	O ritmo	21
13	CONFECÇÃO DE INSTRUMENTO MUSICAL	Construindo um chocalho	22
14	IDENTIFICAÇÃO E OBSERVAÇÃO	Conhecendo a técnica do vitral	23
15	PINTURA	Trabalhando com a técnica do vitral: pintura com lápis de cor ou tinta aquarela	24
15-A	RECORTE, COLAGEM E MONTAGEM	Trabalhando com a técnica do vitral: colagem com papel de seda	25
16	DESENHO E PINTURA	Trabalhando com linhas retas	26
17	DESENHO E PINTURA	Trabalhando com linhas curvas	27
18	IDENTIFICAÇÃO E OBSERVAÇÃO	Conhecendo e identificando linhas em obras de arte	28
18-A	DESENHO E PINTURA	Fazendo arte com linhas	29
19	EXPRESSÃO MUSICAL	O ritmo das danças	30
20	EXPRESSÃO MUSICAL E CORPORAL, DESENHO E PINTURA	Dançando diferentes ritmos	31
21	CONFECÇÃO DE OBJETO E CONSCIENTIZAÇÃO AMBIENTAL	Trabalhando com material reciclável	32
22	OBSERVAÇÃO	O circo	33
23	RECORTE E COLAGEM	Coisas do circo: o palhaço	34
24	OBSERVAÇÃO E PINTURA	Arte e cultura indígenas: culinária	35
25	DESENHO	Trabalhando com as linhas retas, curvas, onduladas, quebradas e mistas	37
26	OBSERVAÇÃO	Simetria	38
27	DESENHO E PINTURA	Desenhando com simetria	39

Sumário

FICHA

Nº	Tipo	Título	Página
28	RECORTE E COLAGEM	Recortando com simetria	40
29	OBSERVAÇÃO, DESENHO E PINTURA	Simetria em obras de arte	42
30	IDENTIFICAÇÃO E OBSERVAÇÃO; CONFECÇÃO DE FÓSSIL	Patrimônio cultural e histórico: bens imóveis	44
31	IDENTIFICAÇÃO E OBSERVAÇÃO	Cores quentes e frias em obras de arte	46
32	PINTURA	Colorindo com as cores quentes e frias	47
33	OBSERVAÇÃO	A arte de Paul Klee	48
34	RECORTE, DESENHO E COLAGEM	Recorte e colagem inspirados em obra de Paul Klee	50
35	EXPRESSÃO CORPORAL, DESENHO E ESCRITA CRIATIVA	Teatro: jogos	51
36	EXPRESSÃO CORPORAL, MEMORIZAÇÃO	Teatro: peça *Bertoldo e sua sabedoria*	52
37	PINTURA, RECORTE E COLAGEM	Técnica de pintura: urso Panda	54
38	MONTAGEM DE MÓBILE	Móbile: foguete com estrelas	55
39	VALORIZAÇÃO DO PASSADO	Fotografia: um resgate aos costumes	56
40	EXPRESSÃO CORPORAL E PINTURA	Trabalhando o ritmo na música e nas artes visuais	57
40-A	EXPRESSÃO CORPORAL E PINTURA	Trabalhando com o ritmo na música e nas artes visuais	58
41	OBSERVAÇÃO, RECORTE E COLAGEM	O ritmo em obras de arte	59
42	DESENHO E PINTURA	Arte urbana: grafite	62
43	EXPRESSÃO CORPORAL, DESENHO E PINTURA	Brincando e dançando	64
44	OBSERVAÇÃO	O samba em obra de arte	65
45	PINTURA	Técnica de pintura: pintura soprada	66
46	IDENTIFICAÇÃO E OBSERVAÇÃO	Composições em obras de arte	67
47	DESENHO E PINTURA	Criando uma composição	68
48	PINTURA	Pontilhismo com cotonete	69
49	RECORTE, DOBRADURA E COLAGEM	Origami: cachorro	70
50	PINTURA	Pintura em tela	72

Material complementar 73

DATAS COMEMORATIVAS

Carnaval 85-86
Páscoa 87
Dia dos Povos Indígenas 88-89
Dia das Mães 90
Festas Juninas 91
Dia dos Pais 92-94
Folclore 95
Primavera 96
Dia das Crianças 97
Natal 98
ADESIVOS 99

Olá!

Você está iniciando, neste ano, seus estudos em Arte.

Vai aprender as primeiras noções corporais, as cores, a música, a textura, as formas geométricas e conhecer obras de arte de artistas renomados.

Preparamos este livro para você com muito carinho, pensamos nos seus conhecimentos escolares e nas experiências artísticas que você vai vivenciar a partir de agora com Arte e Habilidade.

Desejamos a você um ano feliz fazendo arte!

Com carinho,

Angela e Bruna

Uso do material

Para desenhar ou fazer arte, utilizamos papéis diversos, lápis grafite, lápis de cor e aquarelável, borracha, régua, apontador, tesoura, e cola, giz de cera, pincel, tintas guache, plástica e acrílica, cola *glitter*, argila, caneta hidrocor e vários outros materiais.

Cuide bem de seu material, mantendo-o limpo e organizado.

Troque ideias com os colegas e observe com atenção o trabalho deles – você estará desenvolvendo seu lado artístico!

Materiais

Massa de modelar
argila, cerâmica fria etc.

Linha
barbante, lã etc.

Borracha

Caneta hidrocor

Copo com água

Cola bastão

Cola *glitter*

Cola líquida

Fita adesiva

Giz de cera

Lápis de cor

Lápis de cor aquarelável

Lápis grafite

Materiais diversos

Pano
tecidos diversos, estopa etc.

Papéis
crepom, canson, revistas, jornais etc.

Pincel

Régua

Tesoura
com pontas arredondadas

Tintas
guache, acrílica, para pintura a dedo etc.

Arte e habilidade

Arte é mais que desenhar e pintar.
A escultura, a música, o teatro e a arquitetura também são formas de arte.

Personagens da peça teatral *A Bela e a Fera*.

Arte de Paul Klee: observação.

Técnica do vitral.

Arte urbana: grafite.

Dança: *Hip hop*.

Técnica de pintura.

FICHA 1 — As cores

IDENTIFICAÇÃO E OBSERVAÇÃO

As cores primárias são as cores puras.
São elas o azul, o vermelho e o amarelo.

As cores secundárias são o resultado da mistura de duas cores primárias. São elas o verde, o laranja e o roxo.

As cores quentes são aquelas que transmitem sensação de calor. São os tons de amarelo, laranja e vermelho.

As cores frias são aquelas que transmitem sensação de frio. São os tons de azul, verde e roxo.

FICHA 2

Cores primárias e secundárias em obras de arte

IDENTIFICAÇÃO E OBSERVAÇÃO

Os artistas usam linhas, formas e cores para criar suas obras. Nesta obra de Angela Anita Cantele, podemos observar a predominância de cores primárias. Na obra de Juan Gris podemos observar a predominância de cores secundárias.

Mandala espiral – azul, vermelho e amarelo (2023), de Angela Anita Cantele. Papel canson, 25 cm × 25 cm, pincel brush e caneta nanquim.

Violino e tabuleiro de xadrez (1913), de Juan Gris. Óleo sobre tela, 100 cm × 65 cm.

FICHA 3

Colorindo com as cores primárias e secundárias

PINTURA

Pinte o primeiro desenho com as cores primárias, e o segundo, com as cores secundárias.

Colorindo com as cores primárias e secundárias

FICHA 4 — O Pontilhismo

OBSERVAÇÃO

Pontilhismo é o nome da técnica de desenhar ou pintar utilizando pontos ou pinceladas curtas em vez de linhas ou áreas de cor. Podemos notar o efeito da pintura pontilhista quando a observamos a certa distância: as cores, unidas em pequenos toques do pincel, proporcionam, aos olhos do observador, uma visualização da variedade de tons aplicada na obra. Os artistas Georges Seurat e Paul Signac foram os primeiros a utilizar essa técnica.

O Rio Sena em La Grande-Jatte (1888), de Georges Seurat. Óleo sobre tela, 65 cm × 82 cm.
MUSEUS REAIS DE BELAS-ARTES DA BÉLGICA

Capo di Noli (1898), de Paul Signac. Óleo sobre tela, 93,5 cm × 75 cm.
MUSEU WALLRAF-RICHARTZ, COLÔNIA, ALEMANHA

O Pontilhismo

Ficha 5

Técnica do Pontilhismo

PINTURA

Técnica do Pontilhismo

FICHA 6 — Teatro: personagens

OBSERVAÇÃO

O teatro é uma das linguagens da arte.

O **figurino** e a **maquiagem** caracterizam uma personagem.

Observe as personagens das peças teatrais *A Bela e a Fera* e *Frozen – uma aventura congelante*.

Como seriam se não usassem os figurinos e a maquiagem?

Personagens da peça teatral *A Bela e a Fera*.

Grupo de teatro representando personagens do filme *Frozen*.

FICHA 7 — Teatro e imaginação

EXPRESSÃO CORPORAL; DESENHO E PINTURA OU COLAGEM

Vamos fazer uma festa à fantasia?
Você deve improvisar a sua. Não vale fantasias prontas!
Escolha uma personagem que você queira representar e solte a imaginação! Procure em casa peças de roupa, acessórios como chapéu, lenços, bolsa, mala, bengala, guarda-chuva, e crie sua personagem!
Peça a ajuda de um adulto para fazer isso e também para fazer uma maquiagem que o ajude a se caracterizar!

• Que personagem escolhi ser?

_____
_____
_____

• O que usei para me caracterizar?

_____
_____
_____
_____
_____
_____

• Veja só como fiquei (fotografia ou desenho)

FICHA 8 — PARTE 1

Arte e cultura africanas: grafismo

PINTURA

A arte africana é representada, em geral, por objetos de uso funcional. Pode ser vista nas pinturas, nas esculturas, nas vestimentas e nos objetos de uso cotidiano do povo africano, que representam seus valores étnicos, morais e religiosos.

As obras de arte africanas tendem ao abstracionismo visual, e seu principal modo de representação é o grafismo. Nele, a arte é representada mais pelas linhas e pelas cores que pela figura em si. Trata-se de uma maneira simples de fazer arte, com muitos traços e cores vivas, além de repetição, ritmo e equilíbrio.

Os grafismos não são todos iguais – cada povo tem o seu, com os mais diferentes significados, cores e traços.

Arte africana em tapete.

Máscara africana.

Grafismo africano.

Utensílios de arte africanos.

FICHA 8 — PARTE 2

Arte e cultura africanas: grafismo

PINTURA

ACERVO DAS AUTORAS

ELENA ESKEVICH/SHUTTERSTOCK

ACERVO DA EDITORA

Arte e cultura africanas: grafismo

17

FICHA 9

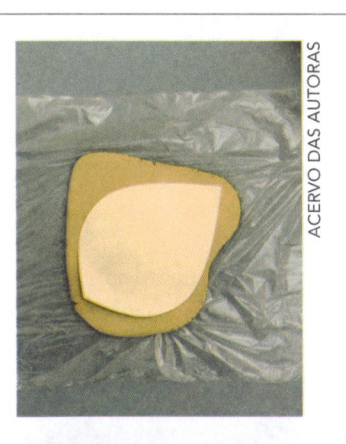

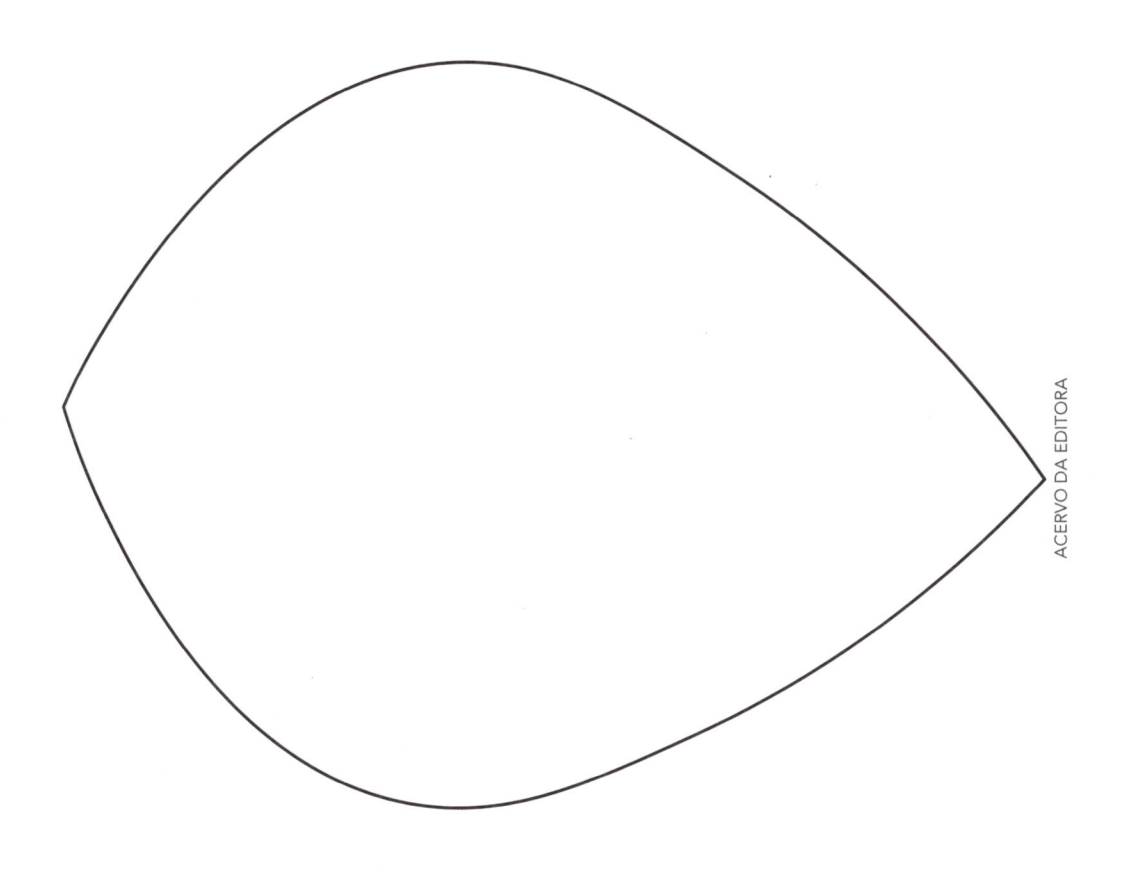

Modelagem com massa de argila

MODELAGEM E PINTURA

Modelagem com massa de argila

FICHA 10 — A ARTE DE

OBSERVAÇÃO

Cícero Dias (1907-2003)

É um famoso pintor brasileiro que nasceu em Pernambuco, mas morreu em Paris, capital da arte no mundo.

Jangadinhas (década de 1930), Museu do Estado de Pernambuco – MEPE, Recife – PE, de Cícero Dias. Óleo sobre tela, 105 cm × 105 cm.

Figuras, sem data, de Cícero Dias. Óleo sobre tela; 81 cm × 65 cm.

FICHA 11 — Releitura de obra de arte de Cícero Dias

PINTURA

Realize a atividade na ficha correspondente, no **Material complementar**. Observe o passo a passo a seguir.

ACERVO DAS AUTORAS

Releitura de obra de arte de Cícero Dias

FICHA 12 — O ritmo

EXPRESSÃO MUSICAL E CORPORAL

Você já ouviu falar em ritmo musical?
Toda música tem um ritmo!
Quando você bate palmas, cria um ritmo.

FICHA 13 — Construindo um chocalho

CONFECÇÃO DE INSTRUMENTO MUSICAL

ACERVO DAS AUTORAS

Construindo um chocalho

FICHA 14

Conhecendo a técnica do vitral

IDENTIFICAÇÃO E OBSERVAÇÃO

O vitral é uma técnica refinada e delicada na qual peças de vidro de diferentes cores são unidas uma a uma por meio de perfis de chumbo, formando um tipo de mosaico.

Vitral da Catedral de Notre-Dame, na França.

Vitral da Catedral Metropolitana de Brasília, Distrito Federal, Brasil.

Vitral da Catedral de Chartres, na França.

Vitral da Catedral Metropolitana do Rio de Janeiro, Rio de Janeiro, Brasil.

FICHA 15 — Trabalhando com a técnica do vitral: pintura com lápis de cor ou tinta aquarela

PINTURA

Realize a atividade na ficha correspondente, no **Material complementar**. Observe os modelos a seguir.

ACERVO DAS AUTORAS

FICHA 15-A

Trabalhando com a técnica do vitral: colagem com papel de seda

RECORTE, COLAGEM E MONTAGEM

> Realize a atividade na ficha correspondente, no **Material complementar**. Observe os modelos a seguir.

ACERVO DAS AUTORAS

Trabalhando com a técnica do vitral: colagem com papel de seda

FICHA 16

Trabalhando com linhas retas

DESENHO E PINTURA

As linhas retas seguem sempre a mesma direção e podem se apresentar nas posições horizontal, vertical e inclinada.
Na posição horizontal, a linha reta nos dá a ideia de descanso, paz, tranquilidade; na posição vertical, lembra vida, ação, altura; na posição inclinada (para a esquerda ou para a direita), expressa movimento, instabilidade.

ACERVO DA EDITORA

Trabalhando com linhas retas

FICHA 17

Trabalhando com linhas curvas

DESENHO E PINTURA

ACERVO DAS AUTORAS

Trabalhando com linhas curvas 27

FICHA 18

Conhecendo e identificando linhas em obras de arte

IDENTIFICAÇÃO E OBSERVAÇÃO

Wassily Kandinsky (1866-1944)

Foi o precursor da arte abstrata. Pintor russo e professor de Arte, foi um dos primeiros artistas a usar figuras geométricas em seus trabalhos. A presença das linhas faz suas obras parecerem agitadas, repletas de ritmo.

Observe, nestas obras de Kandinsky, as linhas retas e curvas, abertas e fechadas.

Composição IV (1911), de Wassily Kandinsky. Óleo sobre tela, 159,5 cm × 250,5 cm.

Preto e violeta (1923), de Wassily Kandinsky. Óleo sobre tela, 77,5 cm × 100,0 cm.

Conhecendo e identificando linhas em obras de arte

Fazendo arte com linhas

FICHA 18-A

DESENHO E PINTURA

FICHA 19

O ritmo das danças

EXPRESSÃO MUSICAL

Observe nestas imagens os diferentes figurinos que os dançarinos estão usando.
Para cada ritmo, uma roupa!

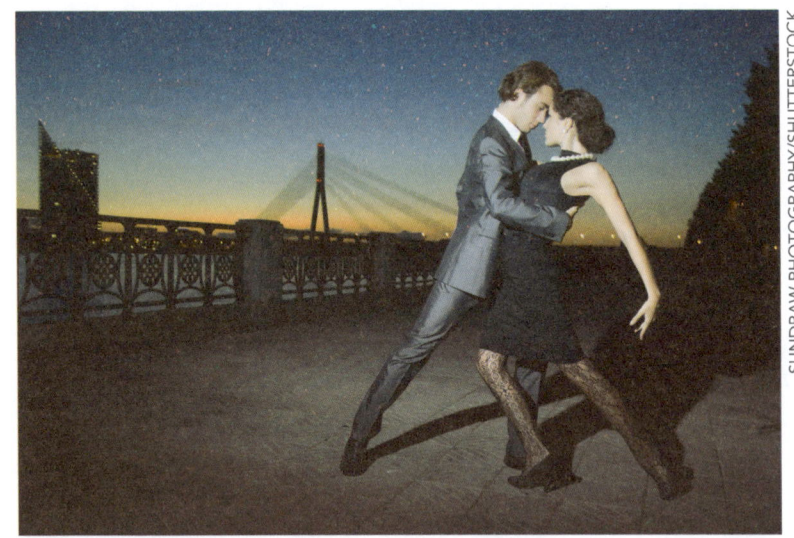

Tango.

Frevo.

Hip hop.

Valsa.

Dançando diferentes ritmos

FICHA 20

EXPRESSÃO MUSICAL E CORPORAL, DESENHO E PINTURA

FICHA 21

Trabalhando com material reciclável

CONFECÇÃO DE OBJETO E CONSCIENTIZAÇÃO AMBIENTAL

Realize a atividade na ficha correspondente, no **Material complementar**. Observe o modelo a seguir.

ACERVO DAS AUTORAS

FICHA 22 — O circo

OBSERVAÇÃO

O circo é formado por artistas de diferentes especialidades, como malabaristas, contorcionistas, equilibristas, palhaços, ilusionistas, bailarinos, trapezistas, mágicos, chamados **artistas circenses**, os quais se apresentam publicamente em um espetáculo que ocorre, geralmente, no picadeiro, uma espécie de arena; o público fica sentado nas cadeiras ou nas arquibancadas, em volta do picadeiro.

O circo

FICHA 23

Coisas do circo: o palhaço

RECORTE E COLAGEM

Realize a atividade na ficha correspondente, no **Material complementar**. Observe o modelo a seguir.

ACERVO DAS AUTORAS

O circo

Vai, vai, vai começar a brincadeira
Tem charanga tocando a noite inteira
Vem, vem, vem ver o circo de verdade
Tem, tem, tem picadeiro de qualidade

Sidney Miller.

FICHA 24 — PARTE 1

OBSERVAÇÃO E PINTURA

Arte e cultura indígenas: culinária

Muitos pratos e alimentos que consumimos no dia a dia têm origem na culinária indígena, como a moqueca de peixe, o cupuaçu, a banana assada, o beiju, a paçoca, a pipoca, o chimarrão, a pamonha, a canjica, o tucupi, o buré, entre outros.

Vamos conhecer uma *chef* de cozinha indígena, Kalymaracaya.

Kalymaracaya nasceu no Mato Grosso do Sul, na Ilha do Bananal. Pertence à tribo do povo terena. Mudou-se com a família para Campo Grande, em busca de oportunidades, e foi lá que descobriu o gosto pela gastronomia. Estudou e se formou em Turismo e Gastronomia e é pós-graduada em História e Cultura Indígena. Kaly já realizou eventos gastronômicos em várias cidades do Brasil e no exterior. Seu grande sonho é abrir um restaurante especializado em comida indígena.

Mandioca cozida.

Pipoca.

Canjica.

Tapioca.

Bolo de milho.

Moqueca de peixe.

Arte e cultura indígenas: culinária

FICHA 24 PARTE 2

Arte e cultura indígenas: culinária

OBSERVAÇÃO E PINTURA

Aqui vai uma receita de bolo de milho! Faça em casa, com a ajuda dos pais ou responsáveis, e depois conte para os colegas como ficou!

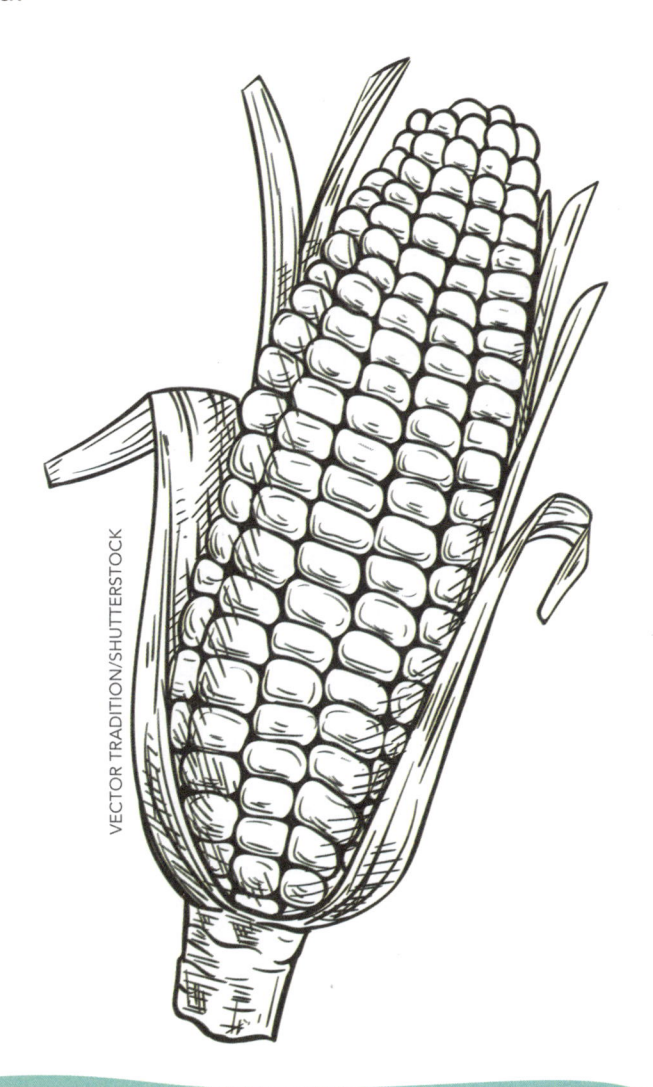

VECTOR TRADITION/SHUTTERSTOCK

Bolo de milho

Ingredientes

1 lata de milho (sem o líquido)
Leite (medida da lata de milho)
Açúcar (medida da lata de milho)
1 pacote de flocão de milho
1/2 lata de óleo de soja
3 ovos inteiros
1 colher (sopa) de fermento em pó
Margarina e farinha de trigo para untar a forma

Modo de preparo

- Escorra o milho e use a própria lata para as medidas.
- Unte e enfarinhe uma forma de bolo com furo.
- Pré-aqueça o forno.
- Coloque no liquidificador o milho (já escorrido), o leite, o açúcar, o flocão de milho, o óleo e os ovos. Bata bem até que o milho fique bem moído.
- Se desejar, acrescente 2 colheres (sopa) de coco ralado.
- Acrescente o fermento em pó e pulse o liquidificador 3 vezes.
- Despeje a massa na forma e leve-a ao forno médio.
- Deixe assar por, aproximadamente, 40 minutos.
- Faça o teste do palito e observe um tom dourado médio para saber que o bolo está pronto.
- Espere esfriar totalmente para desenformar.

FICHA 25

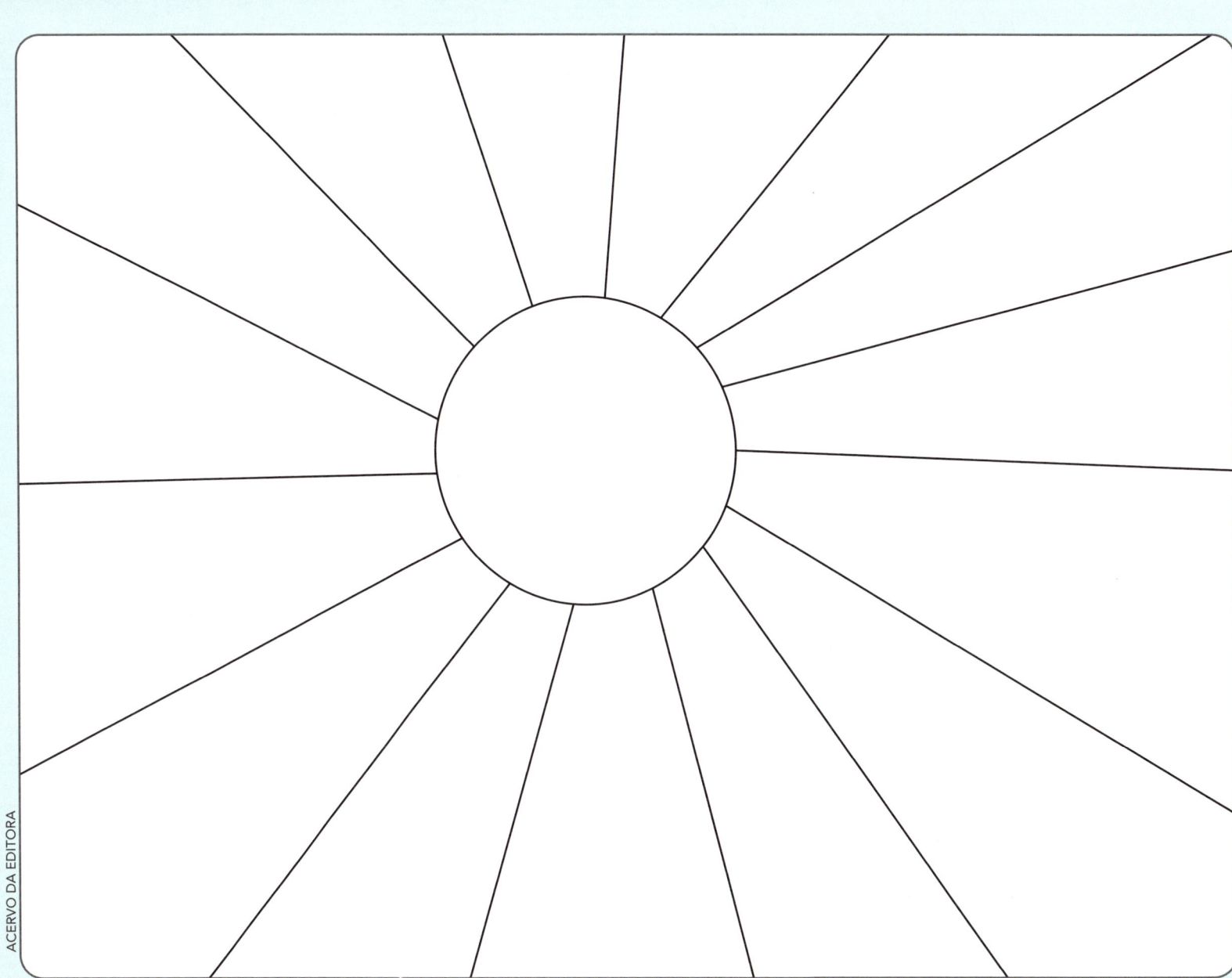

Trabalhando com as linhas retas, curvas, onduladas, quebradas e mistas

DESENHO

ACERVO DAS AUTORAS

ACERVO DA EDITORA

Trabalhando com as linhas retas, curvas, onduladas, quebradas e mistas

37

FICHA 26

Simetria

OBSERVAÇÃO

38

Simetria

Desenhando com simetria

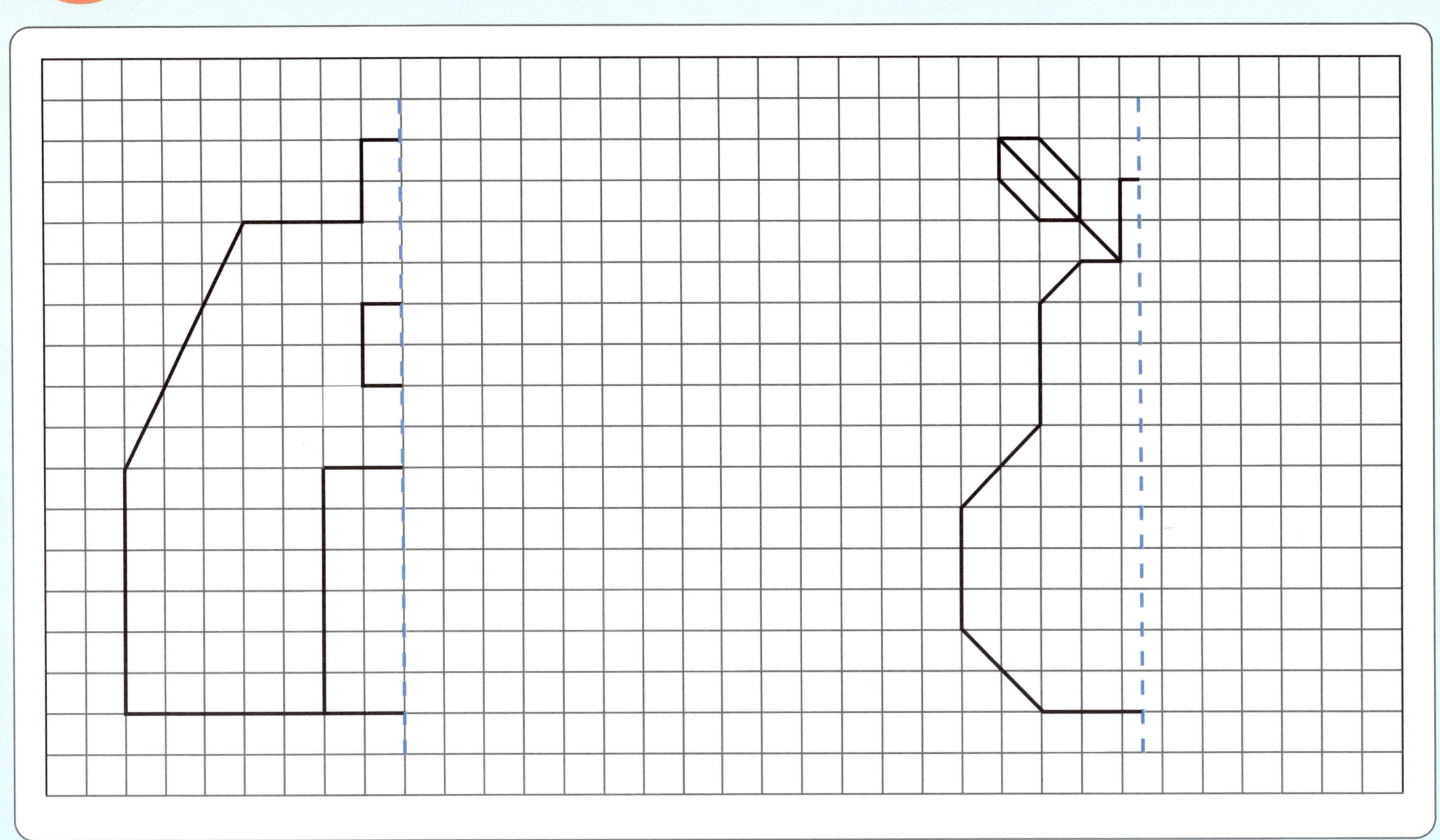

DESENHO E PINTURA

FICHA 28 — PARTE 1

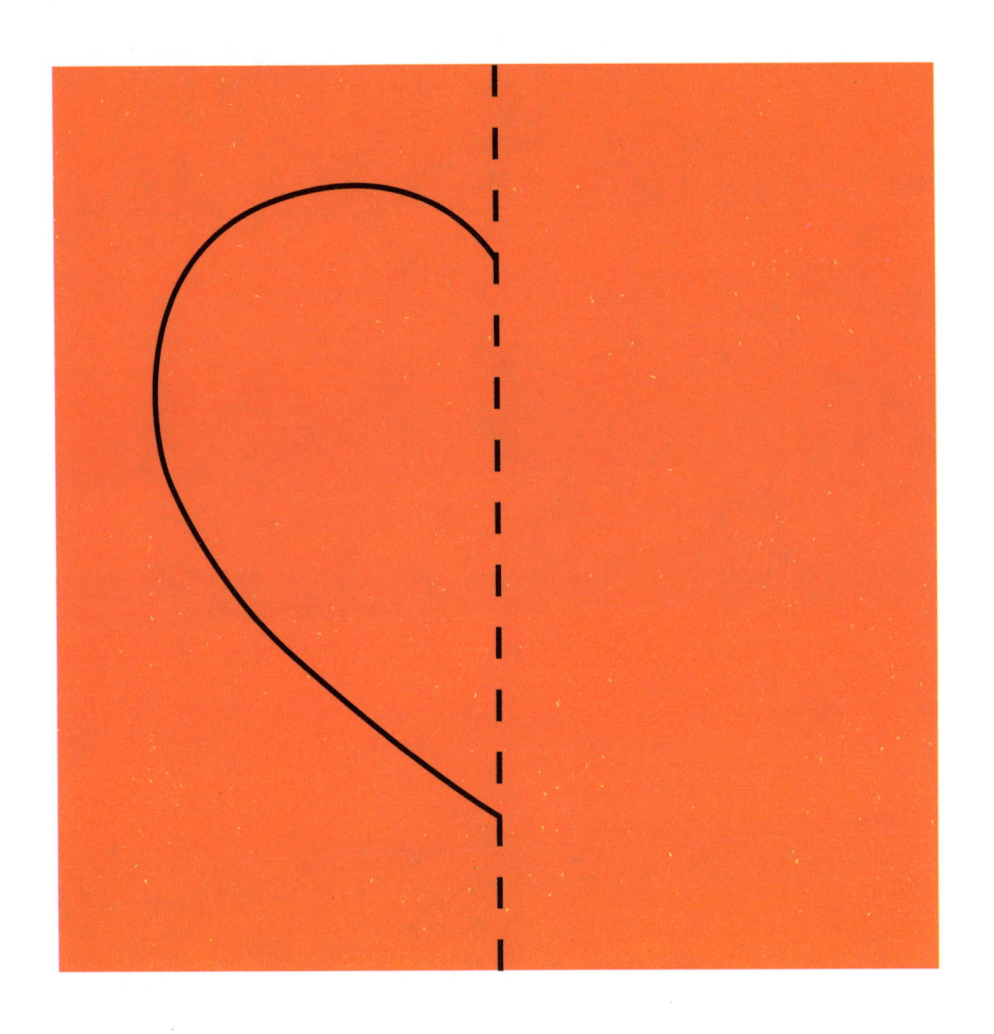

Recortando com simetria

RECORTE

40

Recortando com simetria

FICHA 28 — PARTE 2

Recortando com simetria

COLAGEM

ACERVO DAS AUTORAS

FICHA 29 PARTE 1 — Simetria em obras de arte

OBSERVAÇÃO

Emblema logotipo poético de cultura Afro-Brasileira - Nº 8 (1976), de Rubem Valentim. Acrílica sobre tela, 101 cm × 75 cm.

Composição 12 (1962), de Rubem Valentim. Óleo sobre tela, 102 cm × 72 cm.

42

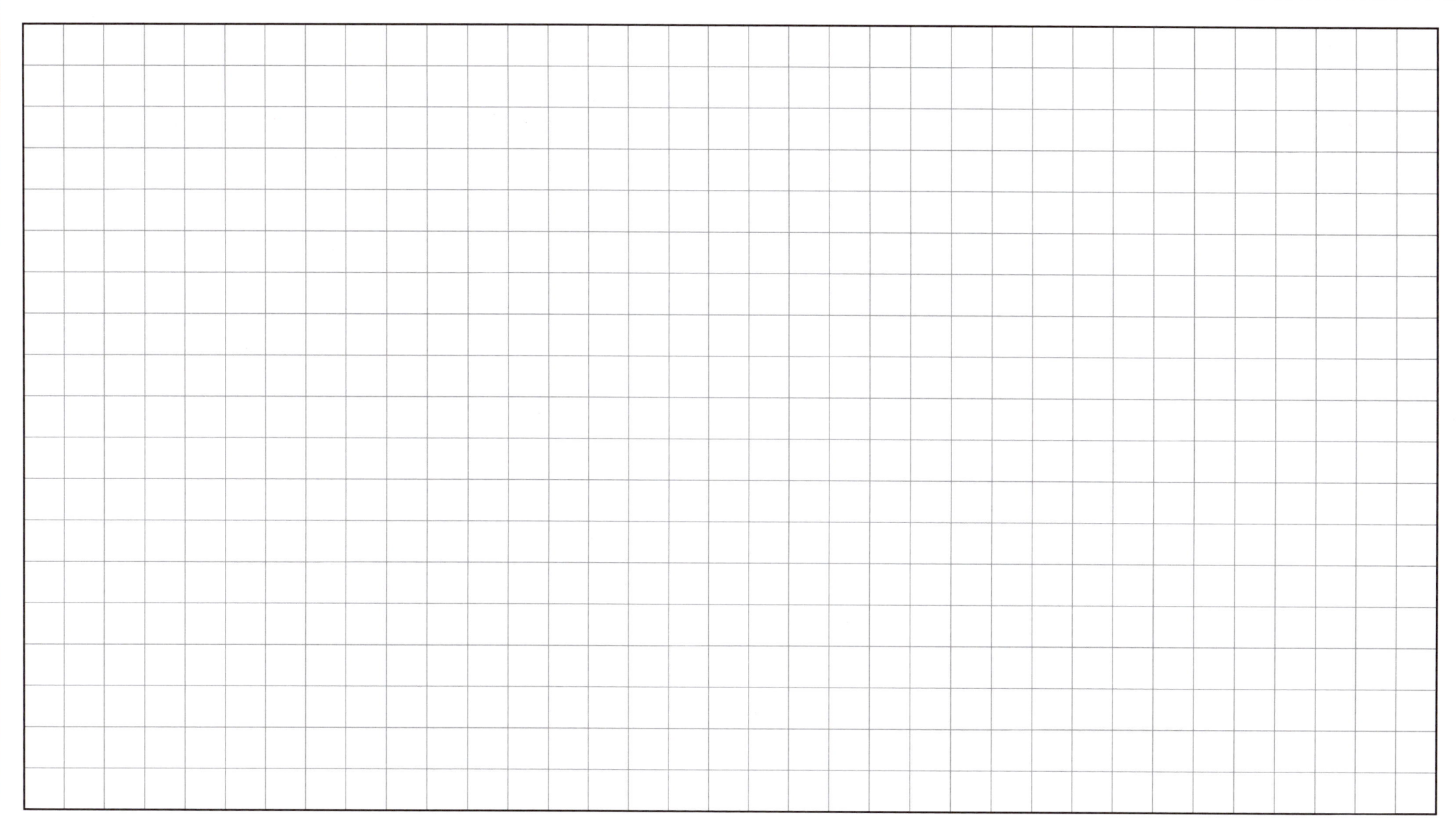

Simetria em obras de arte

FICHA 29 — PARTE 2

DESENHO E PINTURA

FICHA 30 – PARTE 1
Patrimônio cultural e histórico: bens imóveis

IDENTIFICAÇÃO E OBSERVAÇÃO

Patrimônio é tudo o que valorizamos. Tudo o que queremos preservar é considerado patrimônio.

Do patrimônio cultural fazem parte bens imóveis como igrejas, casas, castelos, praças e prédios, além de locais expressivos para a história e as ciências em geral. A Arqueologia e a Paleontologia são as ciências que estudam o passado.

Castelo do Batel, em Curitiba. Paraná.

Passarela para visitação noturna de pinturas rupestres no Boqueirão da Pedra Furada – Parque Nacional da Serra da Capivara, Piauí.

Prédio da Pinacoteca do Estado de São Paulo, São Paulo.

Igreja de São Francisco de Assis. Minas Gerais.

Patrimônio cultural e histórico: bens imóveis

FICHA 30 PARTE 2 — Patrimônio cultural e histórico: bens imóveis

CONFECÇÃO DE FÓSSIL

Fósseis são vestígios ou restos de animais e vegetais preservados em rochas. Considera-se fóssil o ser vivo que viveu há mais de 11 mil anos; com idade inferior a essa, são chamados sambaquis ou subfósseis. A Paleontologia é a ciência que estuda os fósseis.

Os fósseis são considerados patrimônio cultural de um povo. Quando estão fixos em alguma rocha, são reconhecidos como bens imóveis.

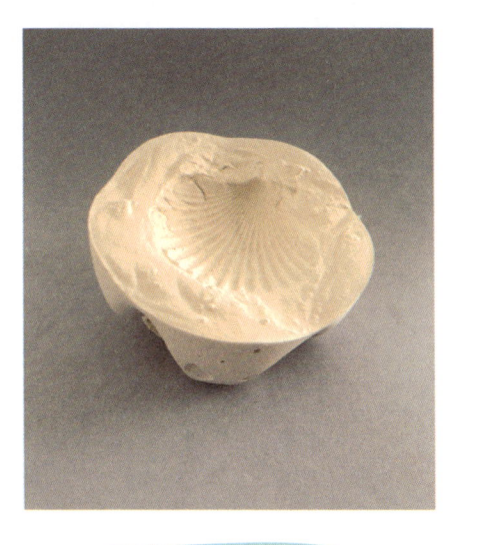

Patrimônio cultural e histórico: bens imóveis

FICHA 31 — Cores quentes e frias em obras de arte

IDENTIFICAÇÃO E OBSERVAÇÃO

As **cores quentes** são o amarelo, o laranja e o vermelho, incluindo todos os seus tons e suas nuances. São conhecidas assim porque transmitem a sensação de calor e estão associadas ao sol, ao fogo e ao sangue; além disso, estão relacionadas aos sentimentos de alegria, disposição e energia.

As **cores frias** são o azul, o verde e o roxo, incluindo todos os seus tons e suas nuances. São conhecidas assim porque transmitem a sensação de frio e estão associadas ao gelo, à água, às matas; além disso, estão relacionadas aos sentimentos de melancolia, calma e serenidade.

Estrada curva (1906), de André Derain. Óleo sobre tela, 148 cm × 214,8 cm.

A secagem das velas (1905), de André Derain. Óleo sobre tela, 82 cm × 101 cm.

FICHA 32

Colorindo com as cores quentes e frias

PINTURA

Realize a atividade na ficha correspondente, no **Material complementar**. Observe as bordas das imagens para saber que cores (quentes ou frias) utilizar em cada uma delas.

A ARTE DE Paul Klee

FICHA 33 PARTE 1

OBSERVAÇÃO

Paul Klee (1879-1940)

Pintor suíço cujo pai era professor de música, e a mãe, cantora. Foi professor de pintura e dedicou a vida à arte. Suas obras são instigantes, repletas de cor e linhas.

Castelo e sol (1928), de Paul Klee. Óleo sobre tela, 50 cm × 59 cm.

Senecio (1922), de Paul Klee. Óleo sobre tela, 40,5 cm × 38 cm.

A arte de Paul Klee

FICHA 33 PARTE 2

A ARTE DE Paul Klee

OBSERVAÇÃO

> A cor toma posse de mim, e eu não tenho mais que a perseguir, pois sei que ela está presa a mim. A cor e eu somos um só, sou um pintor.
>
> Paul Klee

Gato e pássaro (1928), de Paul Klee. Óleo sobre tela de gesso montado em madeira, 38 cm × 53 cm. MUSEU DE ARTE MODERNA DE NOVA YORK (MOMA)

Rosas heroicas (1938), de Paul Klee. Óleo sobre tela, 68 cm × 52 cm. MUSEU NACIONAL DE ARTE MODERNA DE TÓQUIO, JAPÃO

A arte de Paul Klee

FICHA 34

Recorte e colagem inspirados em obra de Paul Klee

RECORTE

FICHA 35

Teatro: jogos

EXPRESSÃO CORPORAL, DESENHO E ESCRITA CRIATIVA

FICHA 36 PARTE 1

Teatro: peça *Bertoldo e sua sabedoria*

EXPRESSÃO CORPORAL, MEMORIZAÇÃO

Bertoldo e sua sabedoria

Autoras: Bruna Renata Cantele e Angela Anita Cantele

Cena 1
Rei: Sábio, pergunte a Bertoldo coisas bem difíceis.
Sábio: Qual é o dia mais longo que existe?
Bertoldo: É o dia em que ficamos sem nos alimentar.
Sábia: Qual é a erva que muitas pessoas conhecem mesmo sem ver?
Bertoldo: É a urtiga.
Sábio: Qual é a coisa mais branca que existe?
Bertoldo: É o dia.
Sábio e Sábia (*triunfantes*): Rá! Rá! Você errou, porque a coisa mais branca que existe é o leite.

Cena 2
Rei: Muito bem, Bertoldo, o que você tem a dizer?
Bertoldo: Bem, majestade, foram eles que erraram.
Sábia: Este homem é um insolente, majestade.
Rei: Espero que você me prove de que maneira o dia é mais branco que o leite.
Bertoldo: Está certo. Posso dar umas ordens, majestade?
Rei: Está concedido o pedido.
Bertoldo: Muito bem. Em primeiro lugar, tragam-me baldes com leite.
Rei: Tragam baldes com leite, como ele pediu.
Bertoldo: Muito bem. E agora saiam todos: o rei, a rainha, o sábio, a sábia e as demais pessoas da corte.
Rainha (*falando ao rei*): Como você permite que um camponês nos coloque pra fora da sala real?
Rei: Ele não está nos colocando pra fora. Quer apenas demonstrar que o dia é mais branco que o leite.
Rainha (*com raiva*): Ah!
Rei: Nunca me diverti tanto na minha vida...

Ficha 36 — Parte 2

Teatro: peça *Bertoldo e sua sabedoria*

EXPRESSÃO CORPORAL, MEMORIZAÇÃO

Cena 3

(*O cenário fica escuro.*)

Bertoldo: Fechem todas as janelas...

(*Está tudo escuro.*)

Bertoldo: Bem, agora podem entrar o rei, a rainha, o sábio, a sábia e a corte. Por favor, entrem todos.

(*Confusão. Barulho de baldes caindo.*)

Rei: Pelas barbas de Netuno!
Sábio: Caímos numa emboscada.
Rainha: Traição! Traição!
Bertoldo: Mas que traição que nada! Abram as janelas!

(*A luz aparece no palco.*)

Bertoldo: Vocês não caíram numa emboscada, mas, sim, em baldes de leite que não viram, pois não poderiam ver sem a luz do dia. Se o leite fosse mais branco que o dia, ele transmitiria luz, e vocês não teriam caído.

Rei (**levantando-se todo sem jeito**): Você realmente é genial, Bertoldo. Vou dispensar o sábio e a sábia da corte e ficar com a sua sabedoria.

Assim, Bertoldo conseguiu o que queria: ser o sábio da corte.

FICHA 37

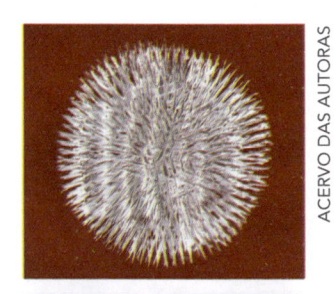

Técnica de pintura: urso Panda

PINTURA, RECORTE E COLAGEM

Técnica de pintura: urso Panda

54

FICHA 38 — Móbile: foguete com estrelas

MONTAGEM DE MÓBILE

Realize a atividade na ficha correspondente, no **Material complementar**. Observe o passo a passo a seguir.

ACERVO DAS AUTORAS

Móbile: foguete com estrelas

FICHA 39 — Fotografia: um resgate aos costumes

VALORIZAÇÃO DO PASSADO

Vista do Largo do Tesouro, centro de São Paulo, década de 1950.

Família Mattos Vieira em Paquetá, Rio de Janeiro, em 1925.

Foto da Seleção Brasileira de Futebol da década de 1980.

Foto de carro típico dos anos 1970.

FICHA 40

Trabalhando o ritmo na música e nas artes visuais

EXPRESSÃO CORPORAL E PINTURA

FICHA 40-A

Trabalhando com o ritmo na música e nas artes visuais

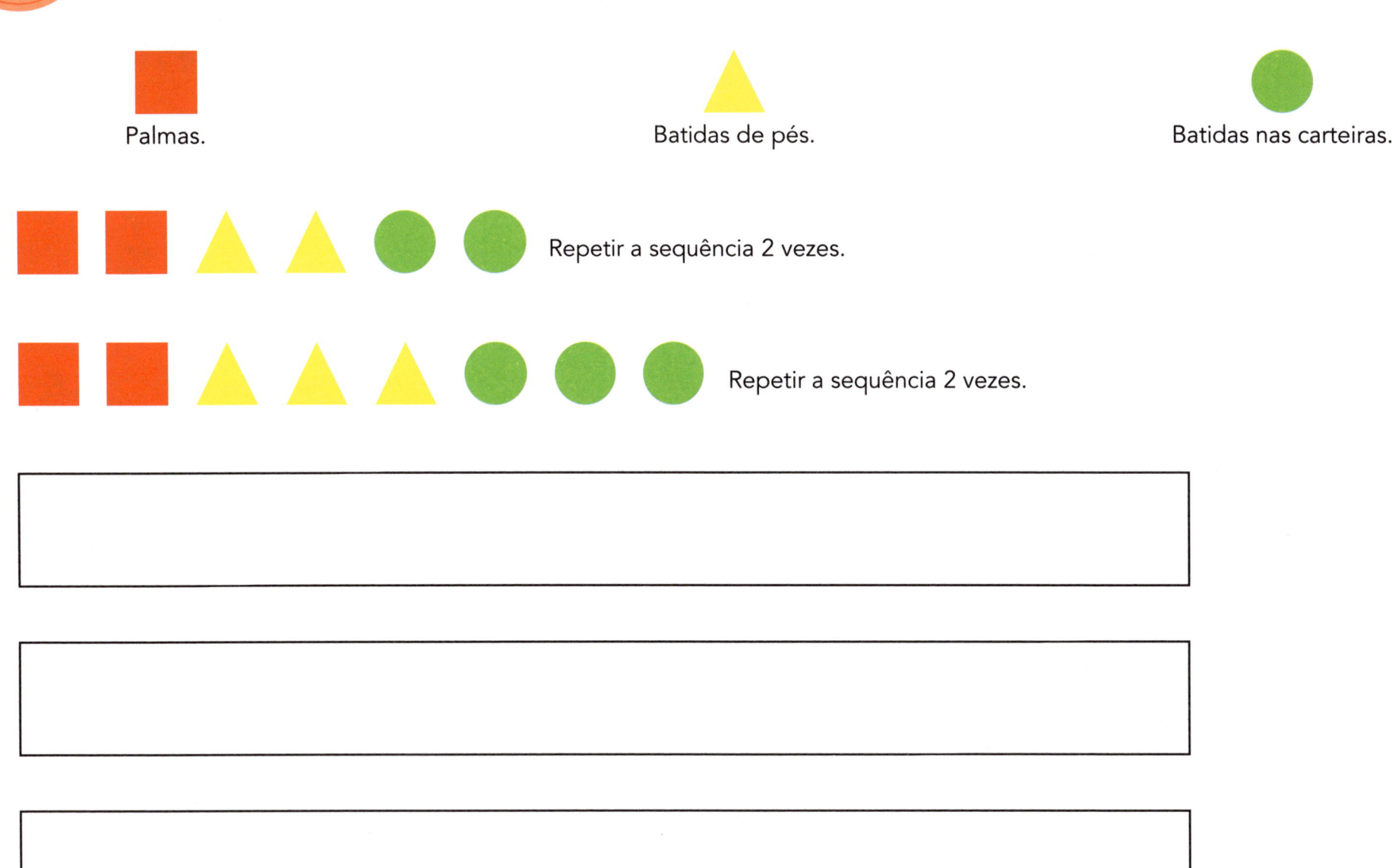

EXPRESSÃO CORPORAL E PINTURA

Palmas.

Batidas de pés.

Batidas nas carteiras.

Repetir a sequência 2 vezes.

Repetir a sequência 2 vezes.

FICHA 41 — PARTE 1

O ritmo em obras de arte

OBSERVAÇÃO

Composição – ritmo em círculos (2007), de Angela Anita Cantele. Arte digital, 12,03 cm × 17,40 cm.

Bora III (1964), de Victor Vasarely. Óleo sobre tela, 149,2 cm × 141 cm.

FICHA 41 — PARTE 2

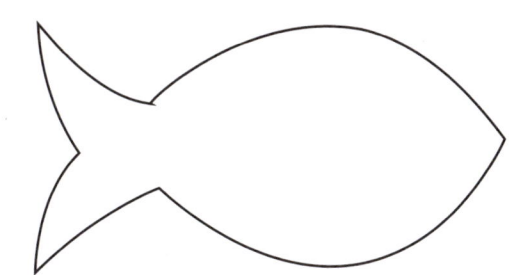

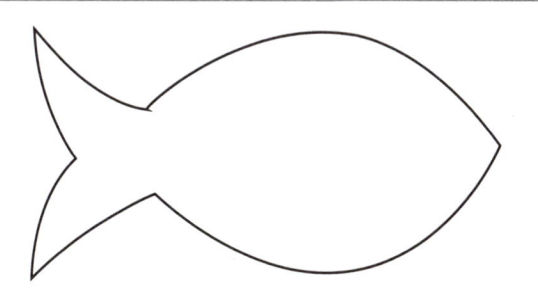

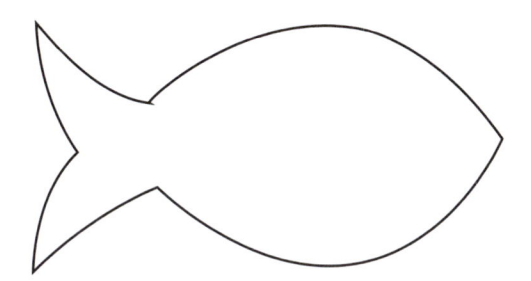

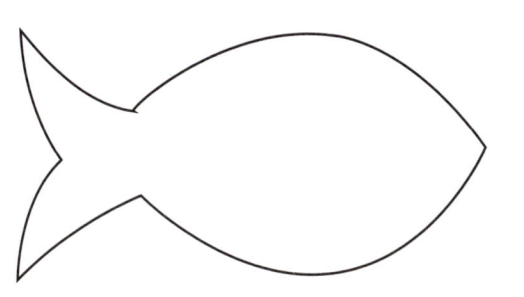

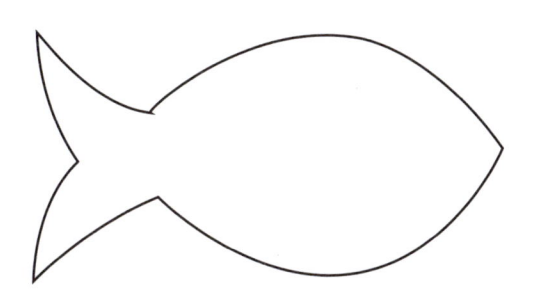

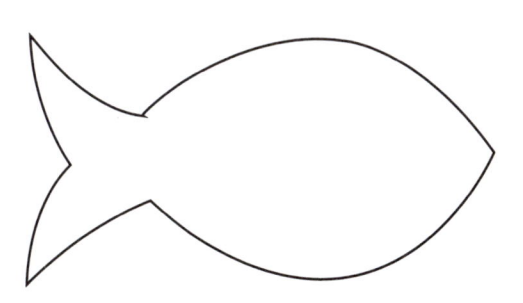

O ritmo em obras de arte

RECORTE

O ritmo em obras de arte

FICHA 41 — PARTE 3

COLAGEM

FICHA 42 PARTE 1 — Arte urbana: grafite

DESENHO E PINTURA

Grafite em muro de Recife, Pernambuco.

O painel *Etnias*, de Eduardo Kobra, pintado na zona portuária no Rio de Janeiro, em 2016, é um dos pontos mais fotografados da cidade.

Grafite em muro de escola na cidade de São Paulo.

FICHA 42 PARTE 2

Arte urbana: grafite

DESENHO E PINTURA

FICHA 43

Brincando e dançando

EXPRESSÃO CORPORAL, DESENHO E PINTURA

ELENASHOW/SHUTTERSTOCK

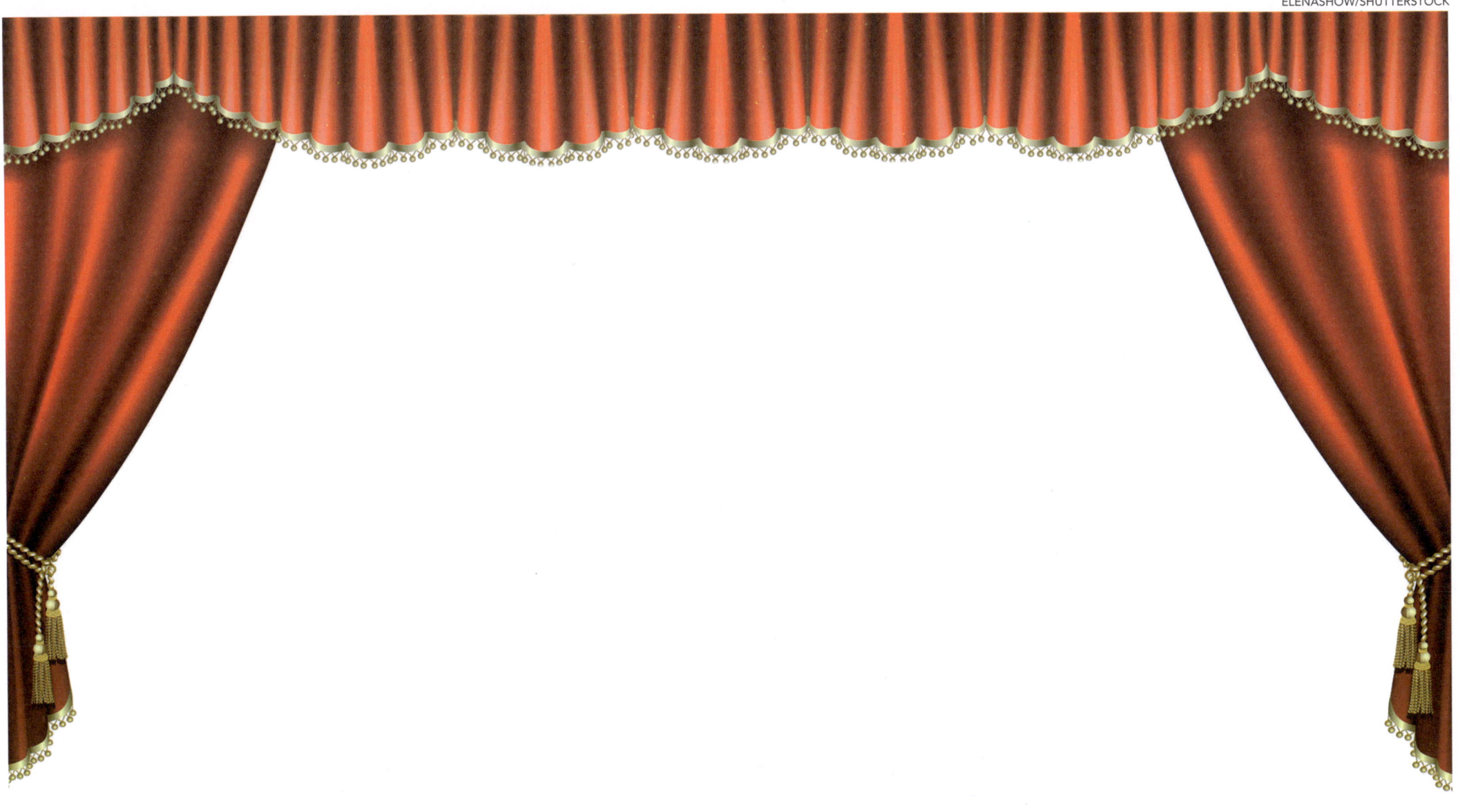

FICHA 44

O samba em obra de arte

OBSERVAÇÃO

O samba é um ritmo musical brasileiro que nasceu na cidade do Rio de Janeiro e tem raízes na cultura africana, com os escravizados trazidos para o Brasil.

Roda de samba (1965), de Heitor dos Prazeres. Óleo sobre tela, 50 cm × 60 cm.

Técnica de pintura: pintura soprada

FICHA 45 — **PINTURA**

> Realize a atividade em um pedaço de cartolina (tamanho A4). Observe o passo a passo a seguir.

ACERVO DAS AUTORAS

FICHA 46

Composições em obras de arte

IDENTIFICAÇÃO E OBSERVAÇÃO

Natureza-morta
Natureza-morta com gaveta aberta (1879), de Paul Cézanne. Óleo sobre tela, 33 cm × 41 cm.

COLEÇÃO PARTICULAR

Paisagem urbana
Terraço do café à noite (1888), de Vincent van Gogh. Óleo sobre tela, 81,0 cm × 65,5 cm.

MUSEU KRÖLLER-MÜLLER, OTTERLO, HOLANDA

Retrato
Caipira picando fumo (1893), de Almeida Junior. Óleo sobre tela, 202 cm × 141 cm.

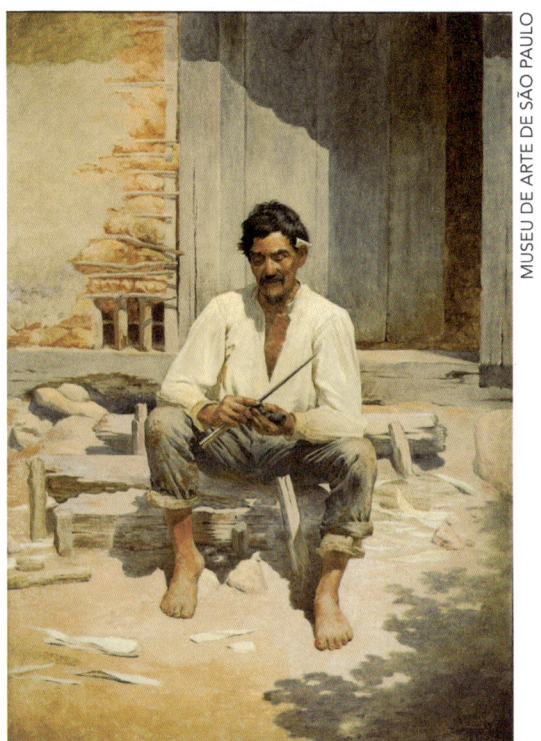

MUSEU DE ARTE DE SÃO PAULO

Paisagem rural
Um parque em Louveciennes (1874), de Alfred Sisley. Óleo sobre tela, 61 cm × 38 cm.

COLEÇÃO PARTICULAR

Paisagem marítima
Baía de São Vicente (1901), de Benedito Calixto. Óleo sobre tela, 45,5 cm × 70,5 cm.

PINACOTECA DE SÃO PAULO

FICHA 47 — Criando uma composição

DESENHO E PINTURA

FICHA 48 — Pontilhismo com cotonete

PINTURA

Realize a atividade na ficha correspondente, no **Material complementar**. Observe o passo a passo a seguir.

ACERVO DAS AUTORAS

FICHA 49 - PARTE 1

Origami: cachorro

RECORTE E DOBRADURA

Cabeça:

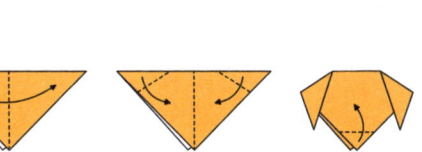

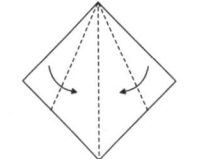

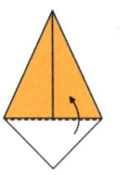

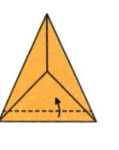

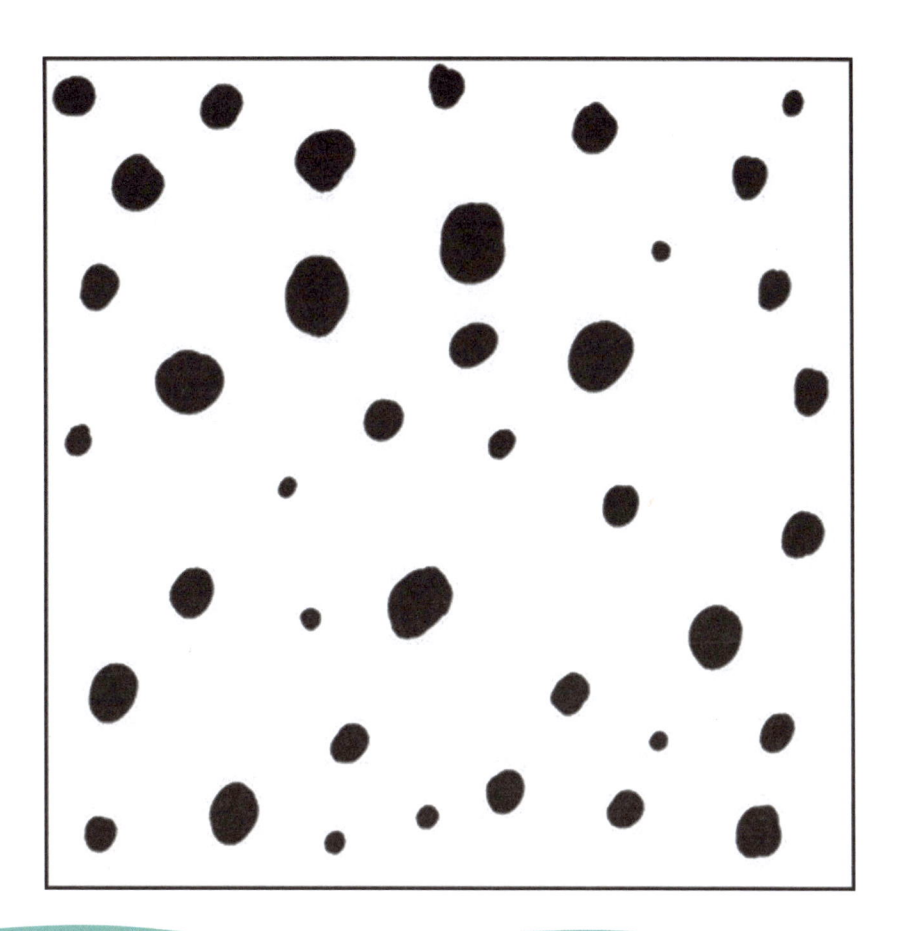

Corpo:

Origami: cachorro

FICHA 49 — PARTE 2

Origami: cachorro

COLAGEM

FICHA 50

Pintura em tela

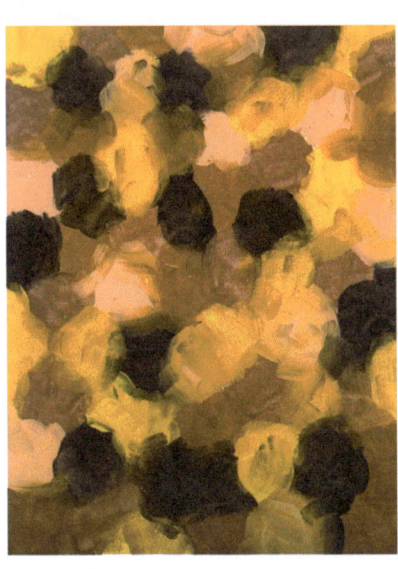

PINTURA

Pintura em tela

FICHA 11
MATERIAL COMPLEMENTAR

FICHA 15

MATERIAL COMPLEMENTAR

FICHA 15-A

MATERIAL COMPLEMENTAR

ACERVO DAS AUTORAS

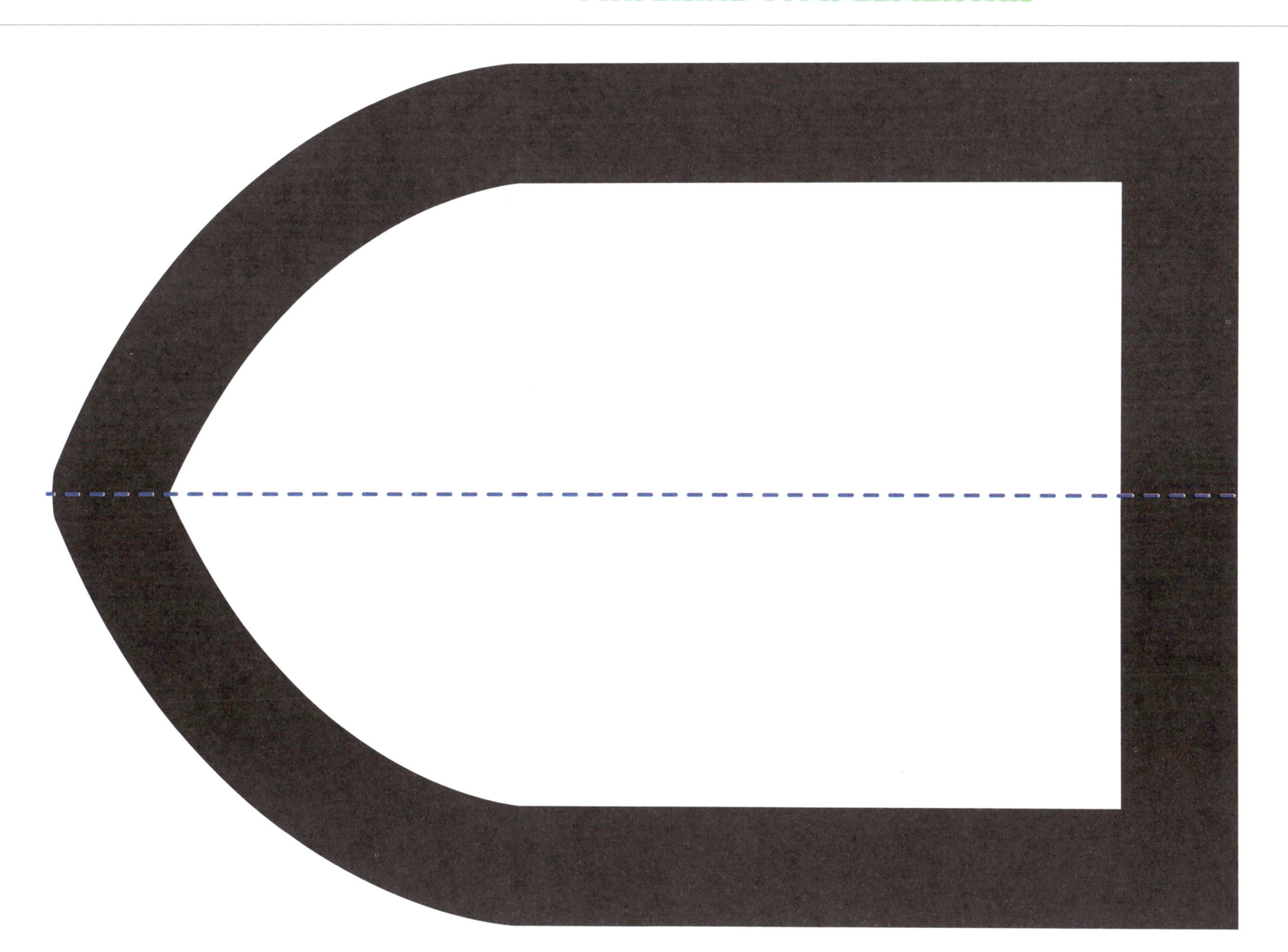

Parte integrante do livro *Arte e Habilidade* – 3º ano

75

FICHA 21

MATERIAL COMPLEMENTAR

FICHA 23 PARTE 1
MATERIAL COMPLEMENTAR

ACERVO DAS AUTORAS

ACERVO DAS AUTORAS

Parte integrante do livro *Arte e Habilidade* – 3º ano

FICHA 23
PARTE 2
MATERIAL COMPLEMENTAR

COLAR

COLAR

COLAR

COLAR

COLAR

FICHA 32

MATERIAL COMPLEMENTAR

FICHA 37

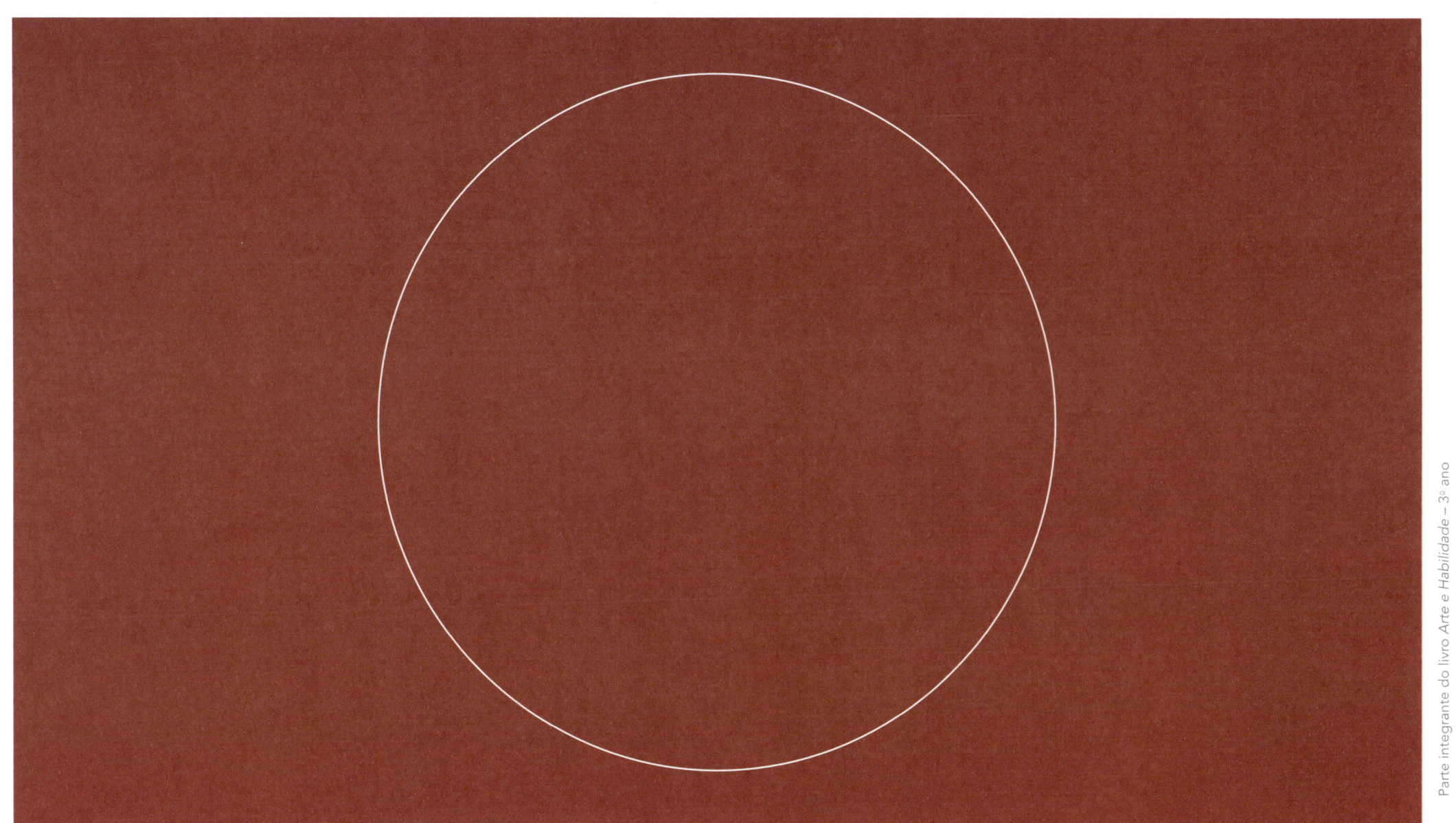

MATERIAL COMPLEMENTAR

FICHA 38 PARTE 1
MATERIAL COMPLEMENTAR

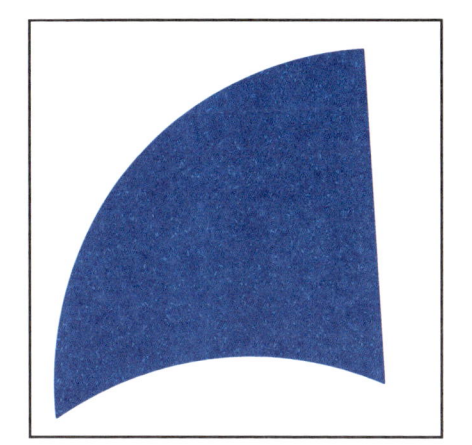

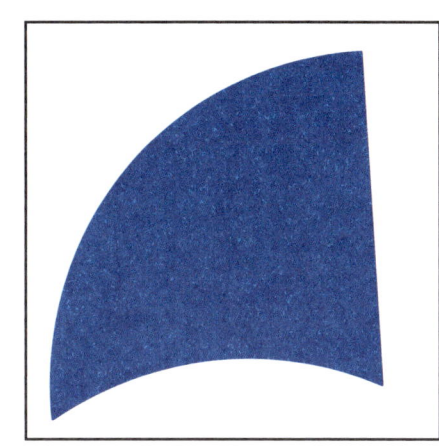

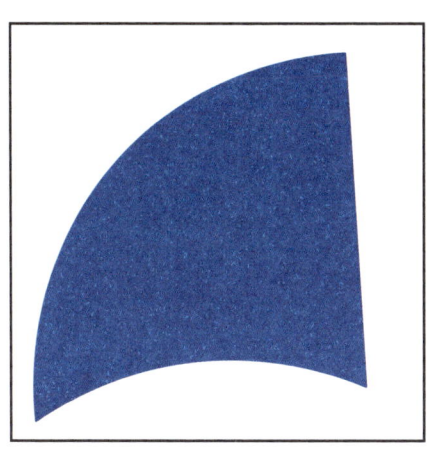

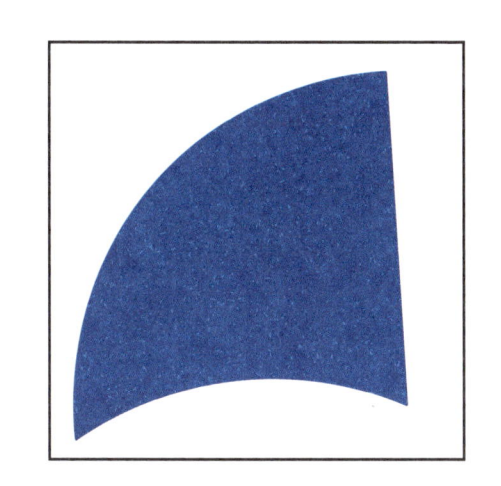

ACERVO DAS AUTORAS

FICHA 38
PARTE 2
MATERIAL COMPLEMENTAR

FICHA 48

MATERIAL COMPLEMENTAR

Datas comemorativas

Carnaval

PARTE 1

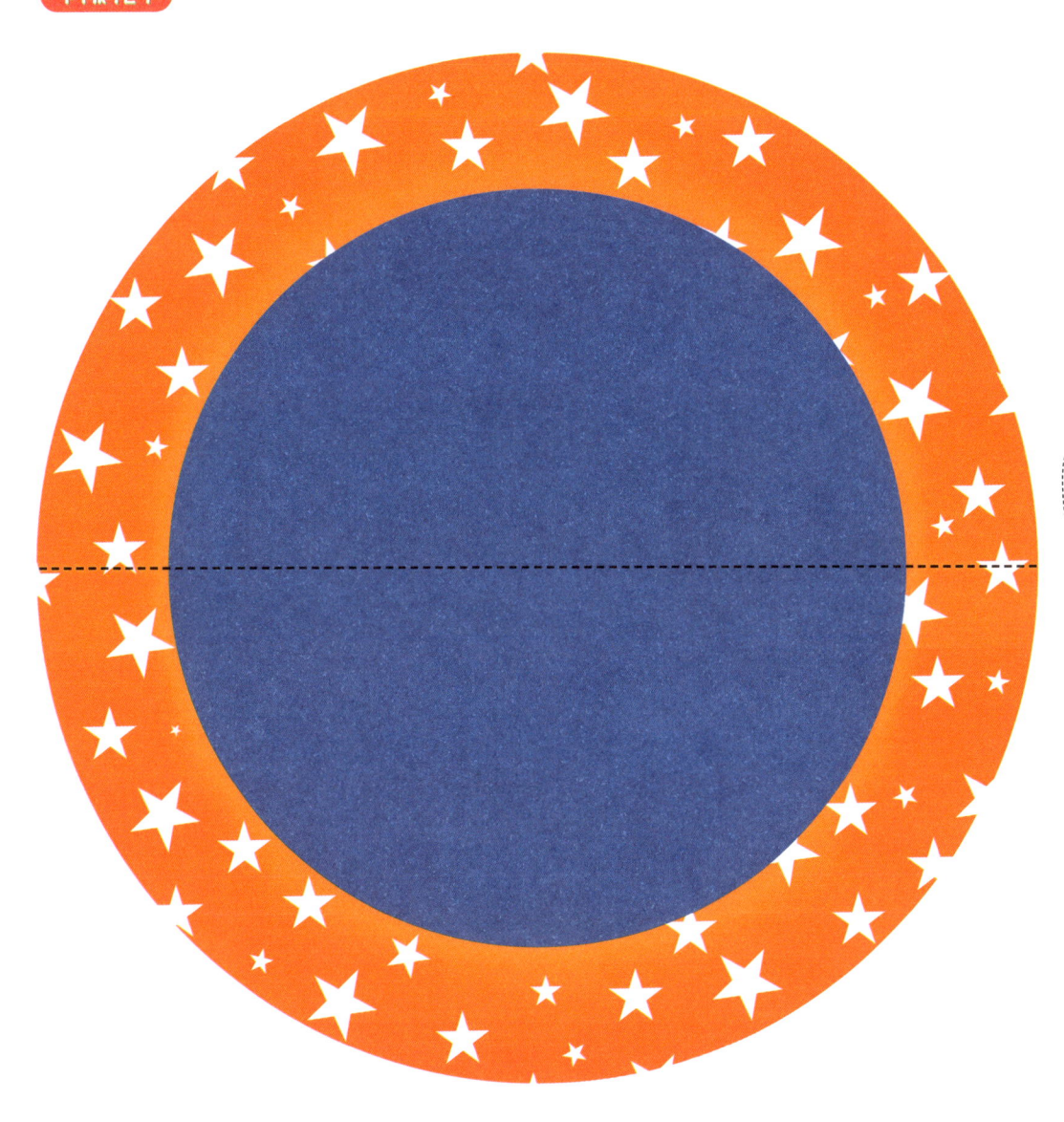

NOME: _____

Carnaval 85

# Carnaval

PARTE 2

NOME: _____

Carnaval

Páscoa

NOME: _____

Páscoa 87

Dia dos Povos Indígenas

PARTE 1

Para fazer objetos de cerâmica, os indígenas coletam o barro das margens dos rios, nos períodos de seca. Homens e mulheres trabalham na produção de peças de argila para fazer objetos de uso cotidiano ou vendê-los.

Indígena da etnia Waurá, da aldeia Piyulaga, pintando cerâmica artesanal – Parque Indígena do Xingu.

Detalhe de cerâmica marajoara exposta no Museu de Marajó – Ilha do Marajó (ano 400 a 1400).

Hoje, os indígenas produzem algumas peças de cerâmica para vender. Para eles, a cerâmica é fonte de renda.

NOME: _____

Dia dos Povos Indígenas

PARTE 2

NOME: _____

Dia das Mães

NOME: _____

Dia das Mães

Festas Juninas

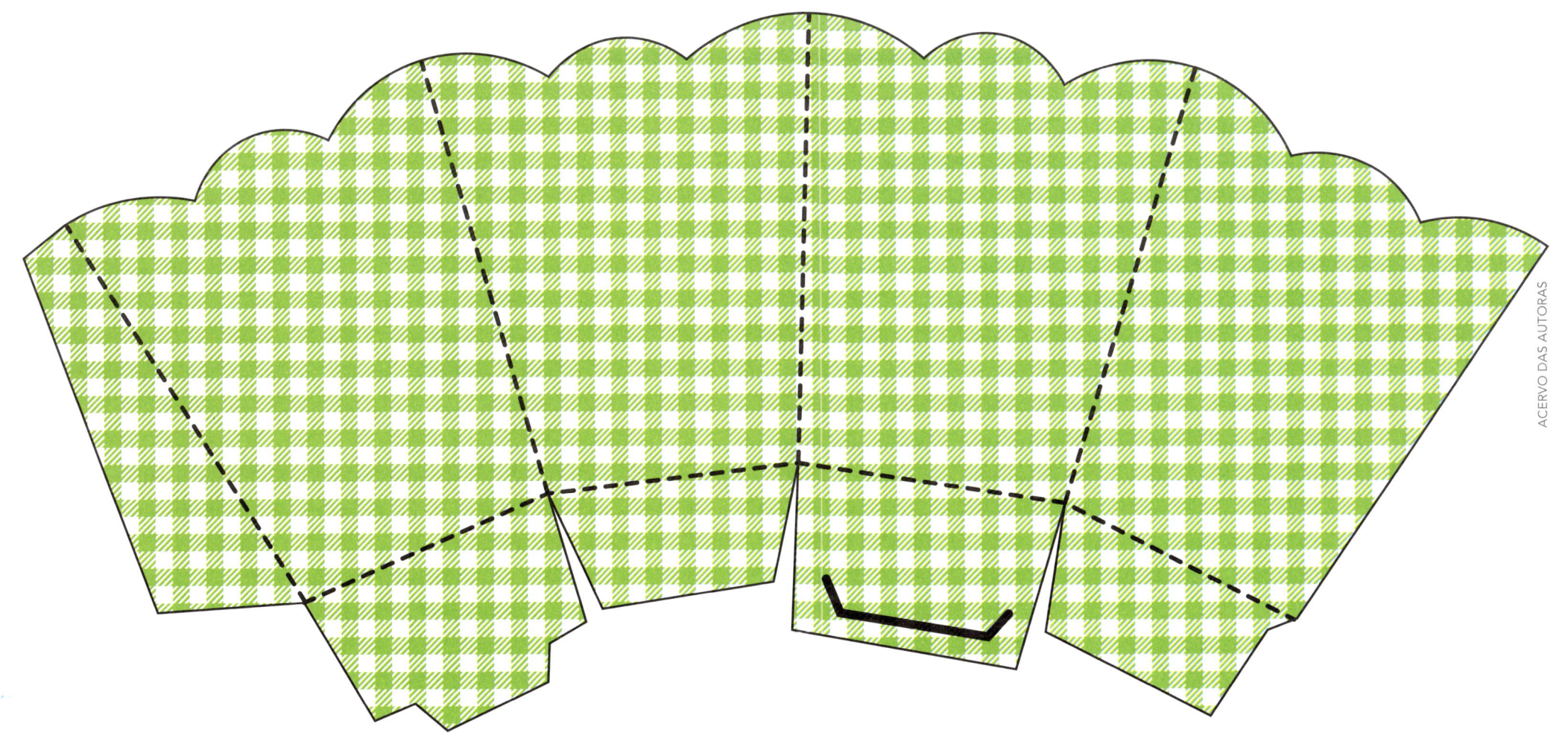

NOME: _____

Dia dos Pais

PARTE 1

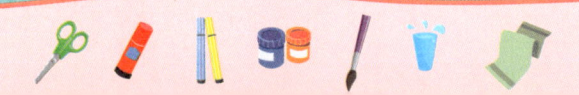

NOME: _____

Dia dos Pais

PARTE 2

NOME: _____

Dia dos Pais

PARTE 3

Para mim, esse alguém é você, papai! Eu te amo!
_____

Ter alguém para se orgulhar, alguém para agradecer e, principalmente, alguém para amar...

NOME: _____

Folclore

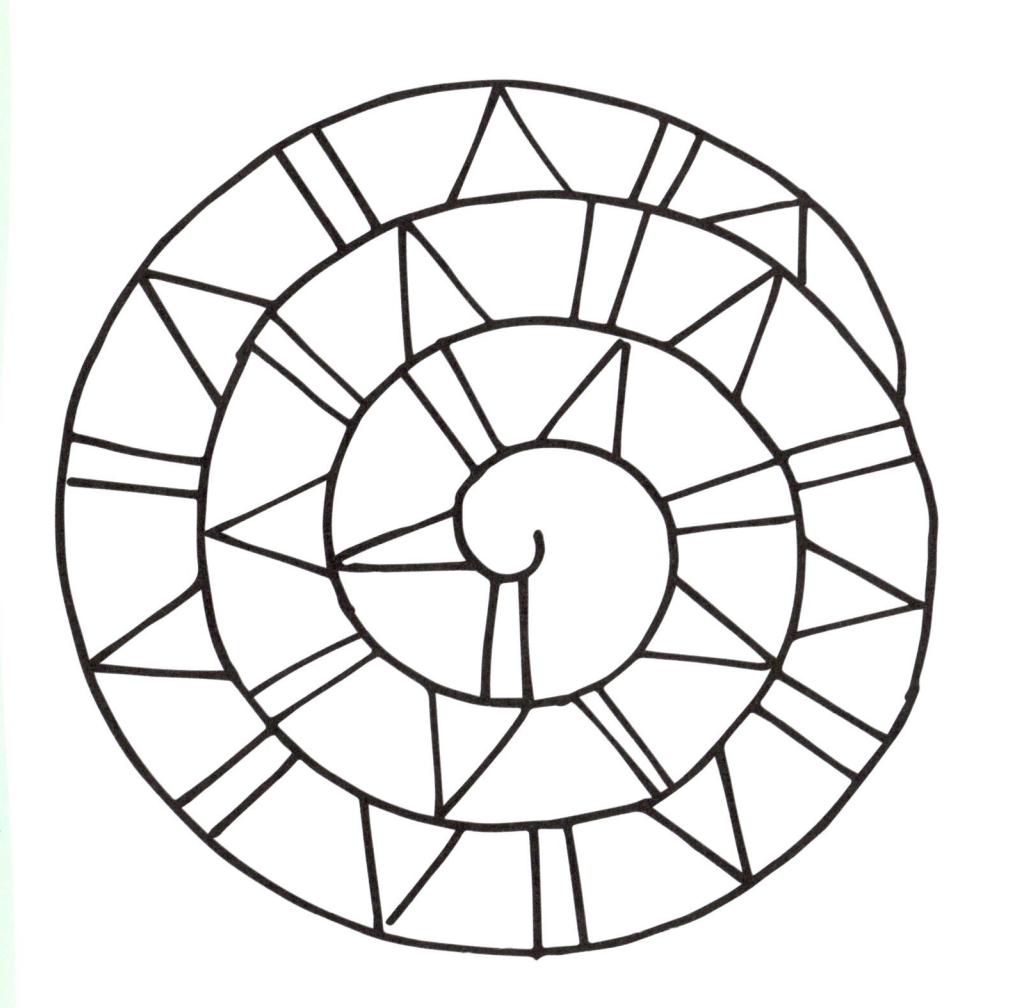

Vamos ver quem advinha?

Quem sou eu?

Uma dama no seu prado,
Com seu vestido bordado,
Nem talhado, nem alinhavado,
Quem a vê fica assustado.

NOME: _____

Primavera

NOME: _____

Primavera

Dia das Crianças

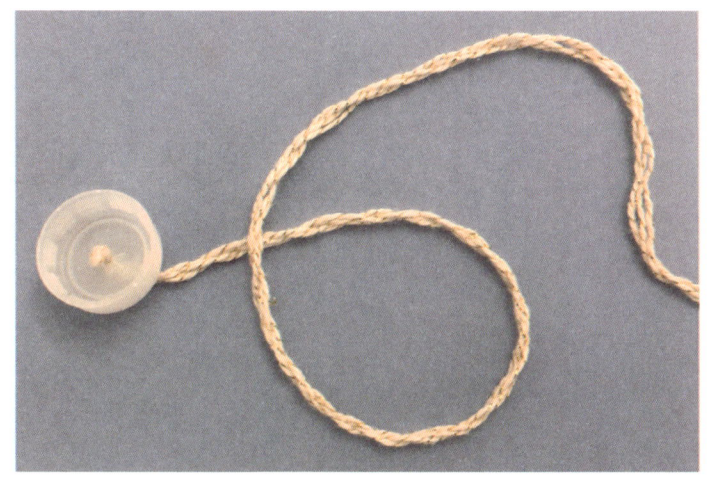

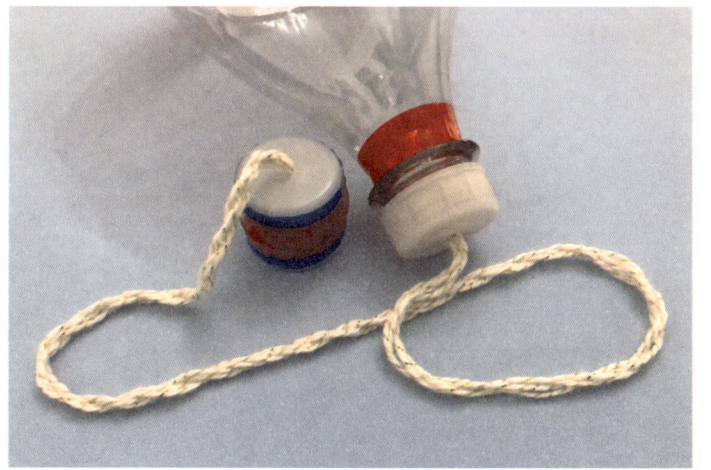

NOME: _____

Natal

NOME: _____

ADESIVOS

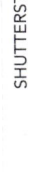

Ficha 11 – Releitura de Cícero Dias

Dia das Mães

Primavera

Festas Juninas

Dia das Crianças

Ficha 34 – Paul Klee

Ficha 38 - Móbile

Ficha 49 – Cachorro de origami